Dieses Malbuch gehört zu:

Vielen Dank für den Kauf unseres Malbuchs.

Könnten Sie uns einen Kommentar hinterlassen? Wir würden uns über Ihr Feedback, Ihre Meinungen und Ratschläge freuen, um bessere Produkte und Dienstleistungen für Sie zu entwickeln!

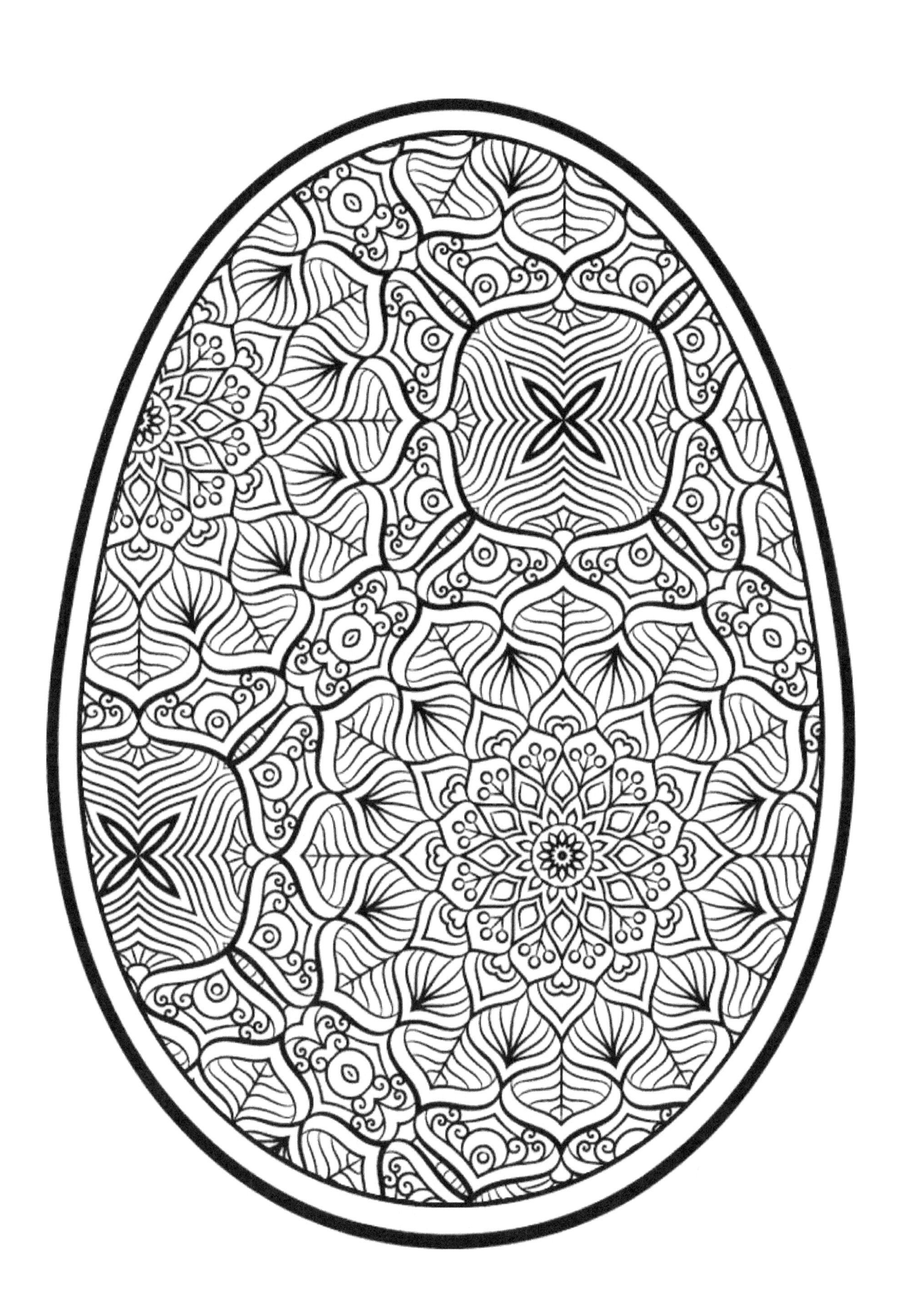